AF469967

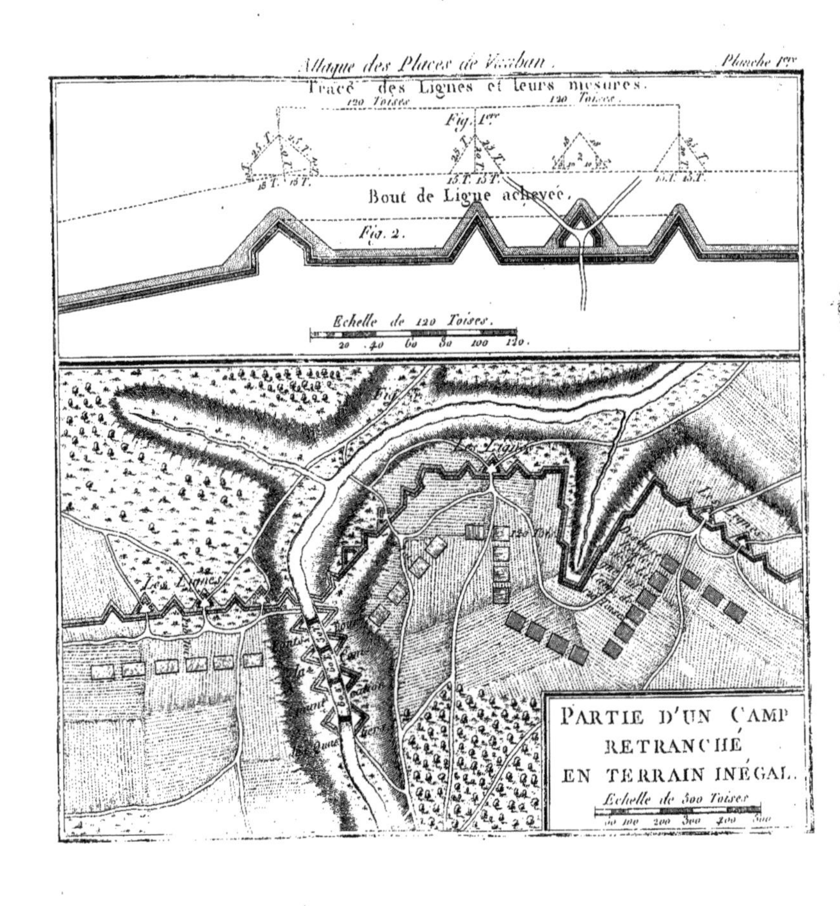

Attaque des Places de Vauban.
Planche 1er
Tracé des Lignes et leurs mesures.
120 Toises
120 Toises.
Fig. 1er
Bout de Ligne achevée.
Fig. 2.
Echelle de 120 Toises.
20 40 60 80 100 120.
Les Lignes
Les Lignes
PARTIE D'UN CAMP
RETRANCHÉ
EN TERRAIN INÉGAL.
Echelle de 500 Toises
100 200 300 400 500

Pl. 2.
6 Toises.

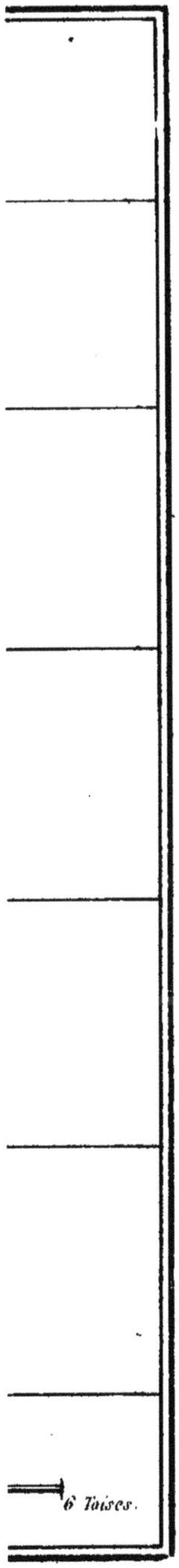

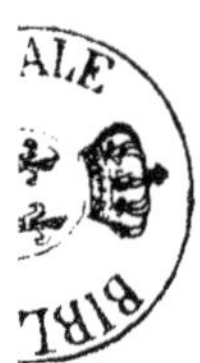

Attaque des Places de Vauban.

Pl. 2.

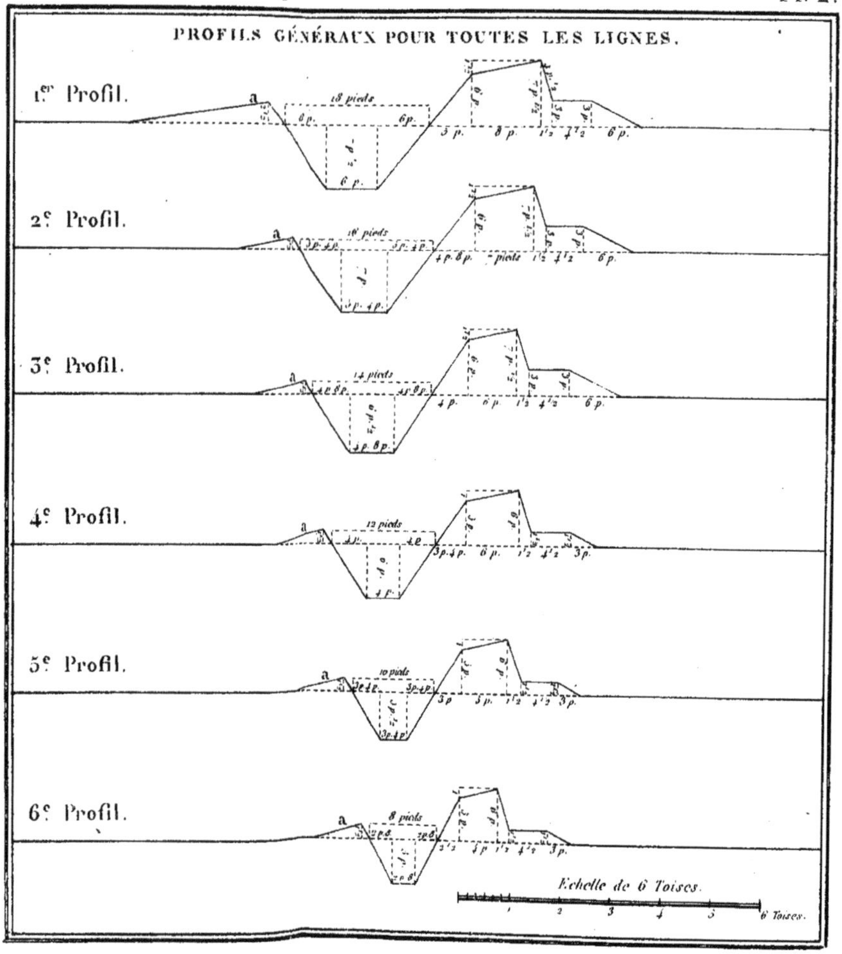
PROFILS GÉNÉRAUX POUR TOUTES LES LIGNES.
1.er Profil.
2.e Profil.
3.e Profil.
4.e Profil.
5.e Profil.
6.e Profil.
18 pieds
16 pieds
14 pieds
12 pieds
10 pieds
8 pieds
Echelle de 6 Toises.
6 Toises.

LIGNES.

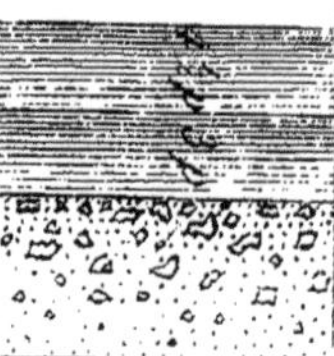

lissades .

Voies .

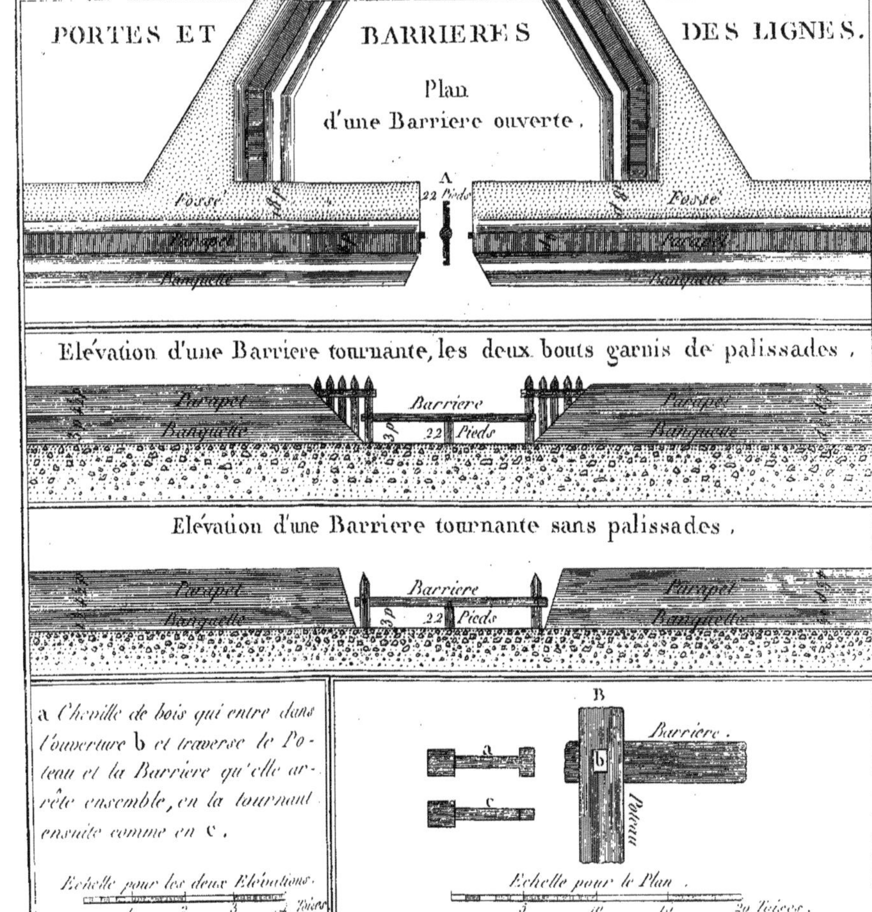
PORTES ET BARRIERES DES LIGNES.
Plan
d'une Barriere ouverte.
A
22 Pieds
Fossé
Fossé
Parapet
Parapet
Banquette
Banquette
Elévation d'une Barriere tournante, les deux bouts garnis de palissades.
Parapet
Banquette
Barriere
3P
22 Pieds
Parapet
Banquette
Elévation d'une Barriere tournante sans palissades.
Parapet
Banquette
Barriere
3P
22 Pieds
Parapet
Banquette
a Cheville de bois qui entre dans
l'ouverture b et traverse le Po-
teau et la Barriere qu'elle ar-
rête ensemble, en la tournant
ensuite comme en c.
Echelle pour les deux Elévations.
1   2   3   4 Toises
B
a
c
Barriere.
b
Poteau
Echelle pour le Plan.
5   10   15   20 Toises.

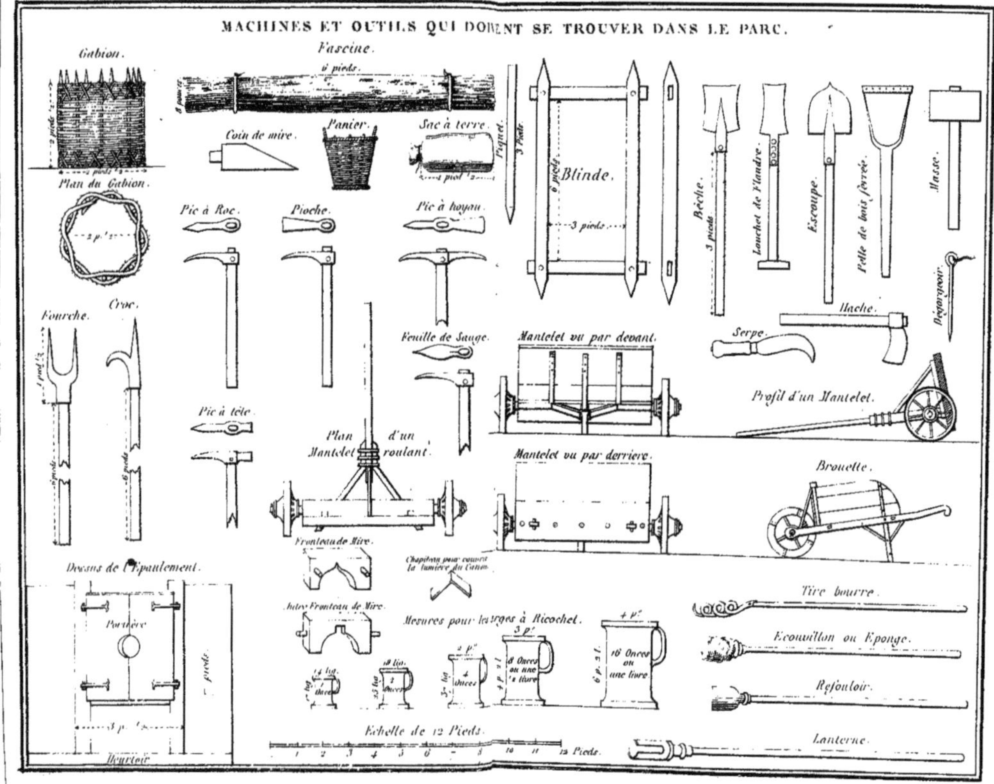

MACHINES ET OUTILS QUI DOIVENT SE TROUVER DANS LE PARC.
Gabion.
Fascine.
6 pieds.
Coin de mire.
Panier.
Sac à terre.
Blinde.
3 pieds.
Bèche.
Louchet de Flandre.
Escoupe.
Pelle de bois ferrée.
Masse.
Plan du Gabion.
Pic à Roc.
Pioche.
Pic à hoyau.
Déporgeoir.
Hache.
Serpe.
Fourche.
Croc.
Feuille de Sauge.
Mantelet vu par devant.
Profil d'un Mantelet.
Pic à tête.
Plan d'un Mantelet roulant.
Mantelet vu par derrière.
Brouette.
Fronteau de Mire.
Chapiteau pour couvrir la lumière du Canon.
Dessus de l'Epaulement.
Autre Fronteau de Mire.
Mesures pour les charges à Ricochet.
Tire bourre.
Portière.
Ecouvillon ou Eponge.
Refouloir.
Lanterne.
Echelle de 12 Pieds.
1 2 3 4 5 6 7 8 9 10 11 12 Pieds.

Planche 5.

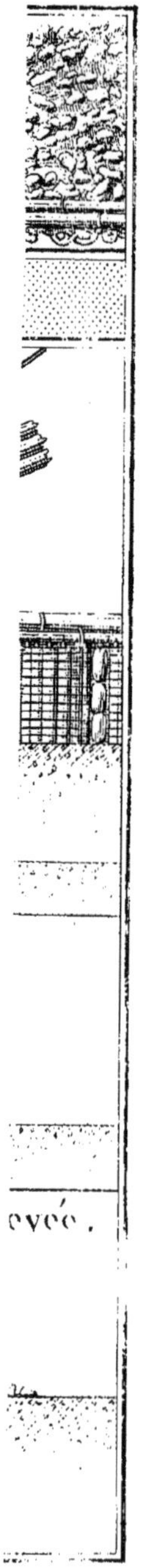

evée.

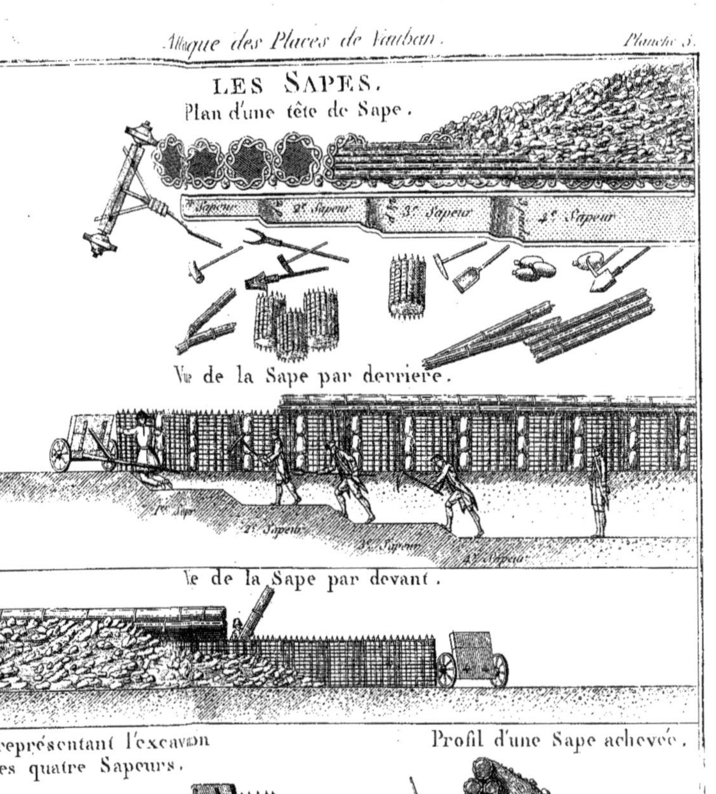

LES SAPES.
Plan d'une tête de Sape.
1.er Sapeur
2.e Sapeur
3.e Sapeur
4.e Sapeur
Vue de la Sape par derriere.
1.er Sape
2.e Sapeur
3.e Sapeur
4.e Sapeur
Vue de la Sape par devant.
Profil représentant l'excavation
des quatre Sapeurs.
Profil d'une Sape achevée.
1 2 4 6 12 Pieds.

6.

LES PLACES D'ARMES.

Profil d'une Place d'Armes à faire feu.

Profil d'une Place d'Armes disposée par Banquettes pour passer par dessus.

Profil d'une Place d'Armes d'ou les Grenadiers partent pour attaquer.

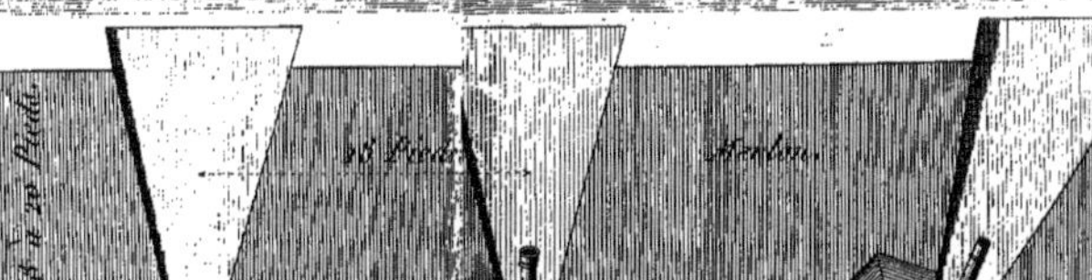
BATERIE DE CANON.

Profil d'une Batterie représentant une Piece dans l'Embrasure, prête à tirer.

A . Gitte de la platte-forme .
B . Madriers .
C . Heurtoir .

Plan d'une Battelle qu'elle doit être construite .

8 . a 9 . Pieds .
brasure droite .
Embrasure biaise .

A Platte-formes achevées .
B Platte-forme qui fait
voir de quelle façon
les Gîtes doivent
être disposez
C Heurtoir .

inch. 8

[illegible]

BATERIE DE MORTIERS.

Profil d'une Batterie représentant un Mortier qui tire.

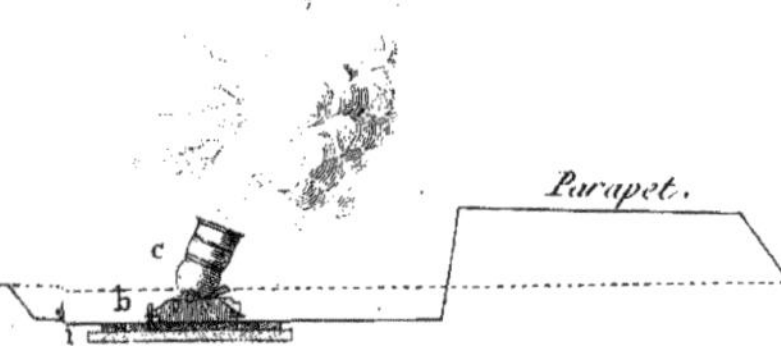

Plan d'une Batterie telle qu'elles doivent être construites.

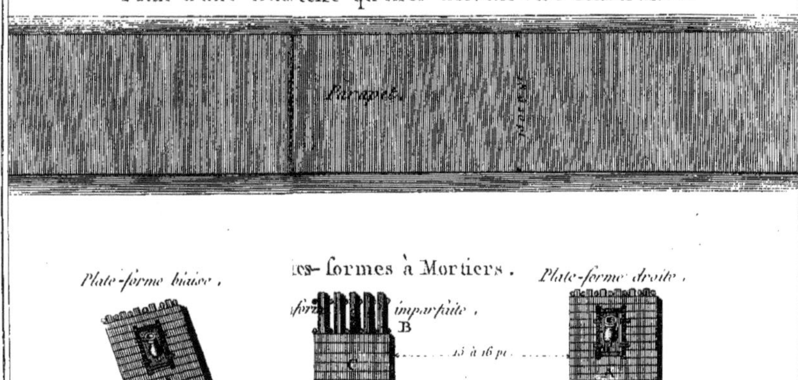

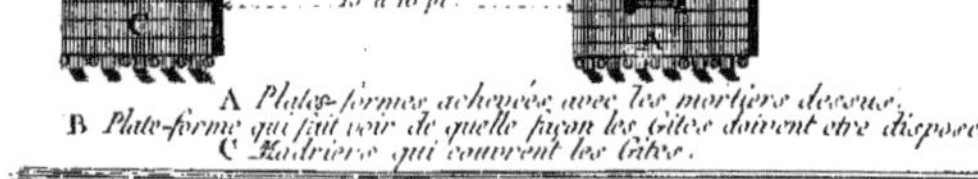

he 9

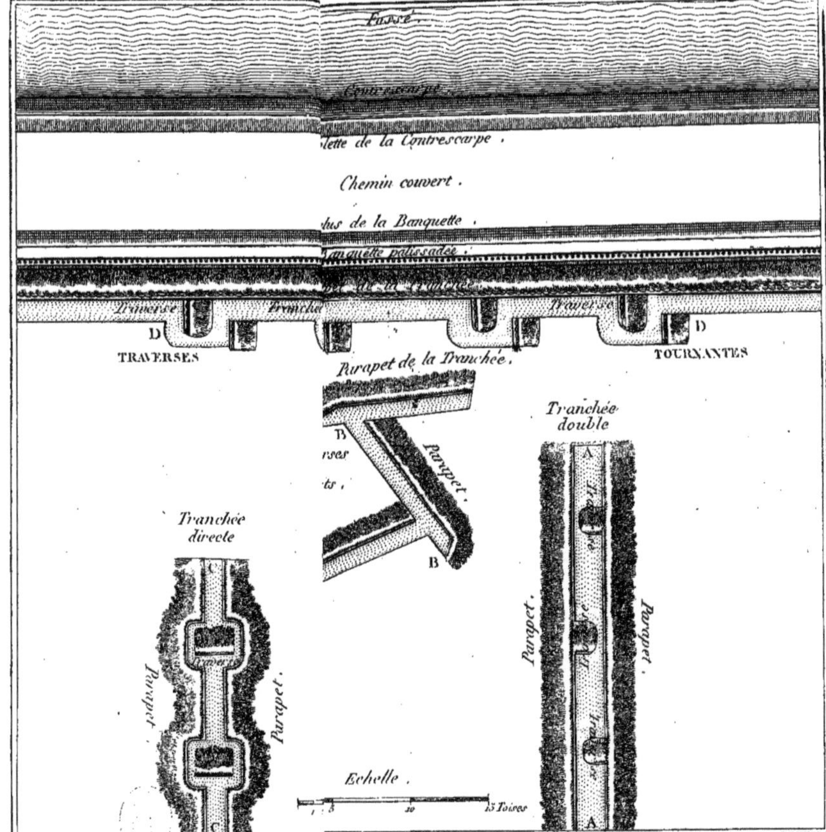
Fossé.
Contrescarpe.
...lette de la Contrescarpe.
Chemin couvert.
...lus de la Banquette.
...anquette palissadée.
...de la Galerie.
Traverse
Tranchée
Revers
D
D
TRAVERSES
TOURNANTES
Parapet de la Tranchée.
Tranchée
double
B
...ses
...ts.
Parapet.
Parapet.
B
Tranchée
directe
C
A
Parapet.
Parapet.
Parapet.
C
A
Echelle.
1 5
10
15 Toises

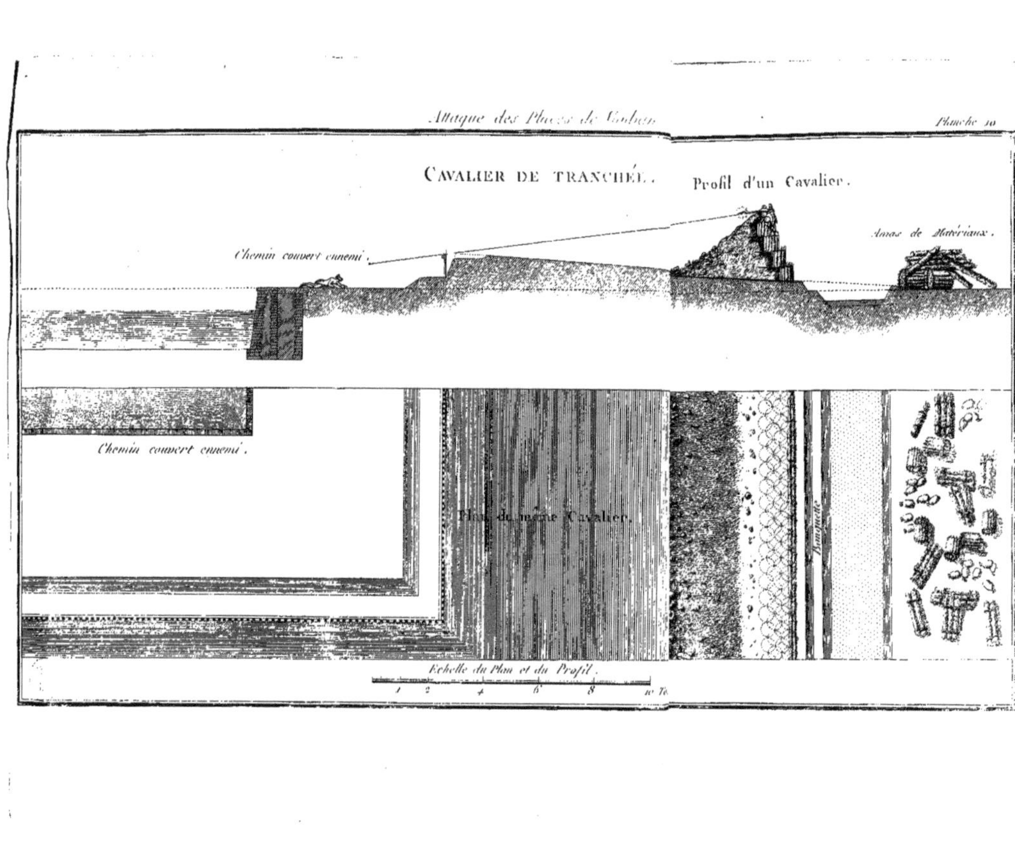
CAVALIER DE TRANCHÉE.
Profil d'un Cavalier.
Chemin couvert ennemi.
Amas de Matériaux.
Chemin couvert ennemi.
Plan du même Cavalier.
Banquette.
Echelle du Plan et du Profil.
1 2   4   6   8   10 To.

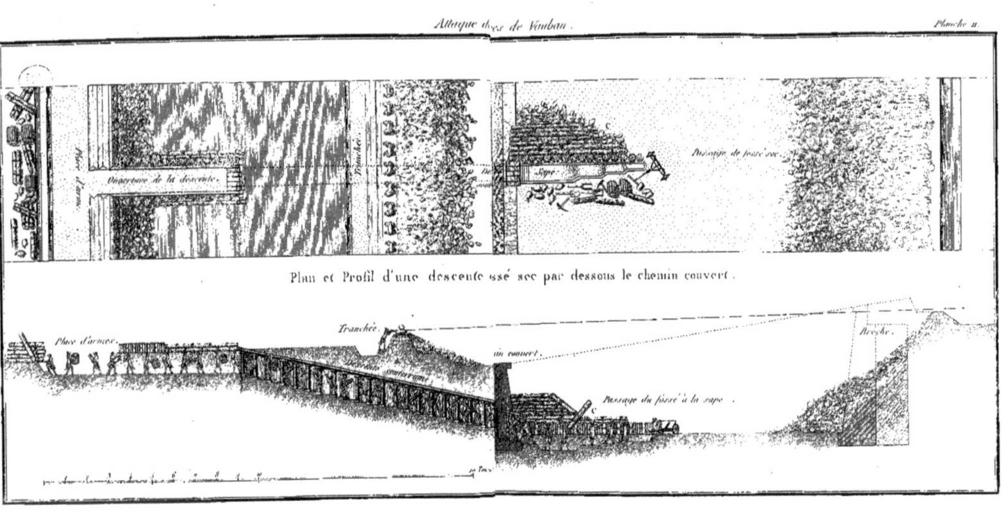
Place d'armes.
Ouverture de la descente.
Tranchée.
Sape.
Passage de fossé sec.
Plan et Profil d'une descente ... fossé sec par dessous le chemin couvert.
Place d'armes.
Tranchée.
Descente souterraine.
in couvert.
Brèche.
Passage du fossé à la sape.

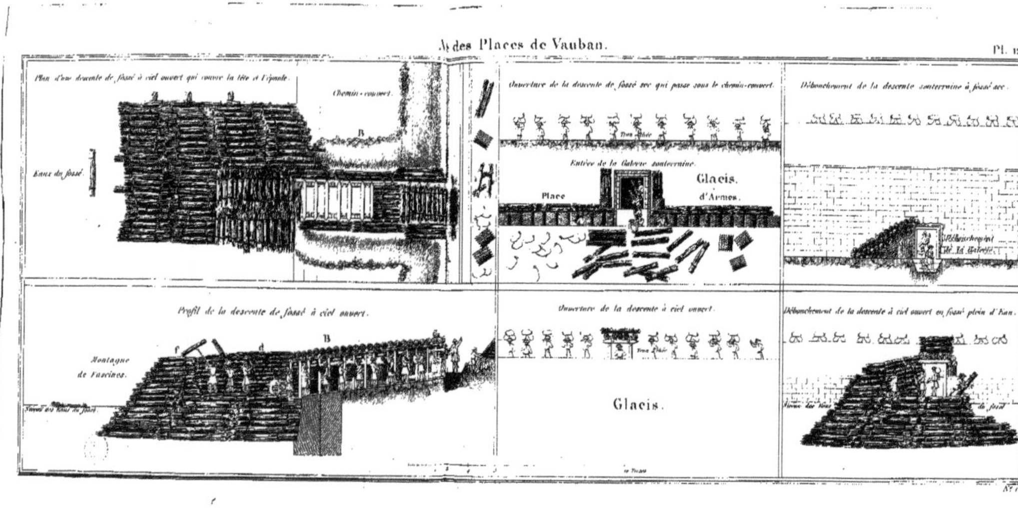
Plan d'une descente de fossé à ciel ouvert qui couvre la tête et l'épaule.
Chemin-couvert.
B
Eaux du fossé.
Ouverture de la descente de fossé sec qui passe sous le chemin-couvert.
Trou Platé
Débouchement de la descente souterraine à fossé sec.
Entrée de la Galerie souterraine.
Place
Glacis.
d'Armes.
Profil de la descente de fossé à ciel ouvert.
Montagne
de Fascines.
B
Ouverture de la descente à ciel ouvert.
Trou Platé
Glacis.
Débouchement de la descente à ciel ouvert ou fossé plein d'eau.

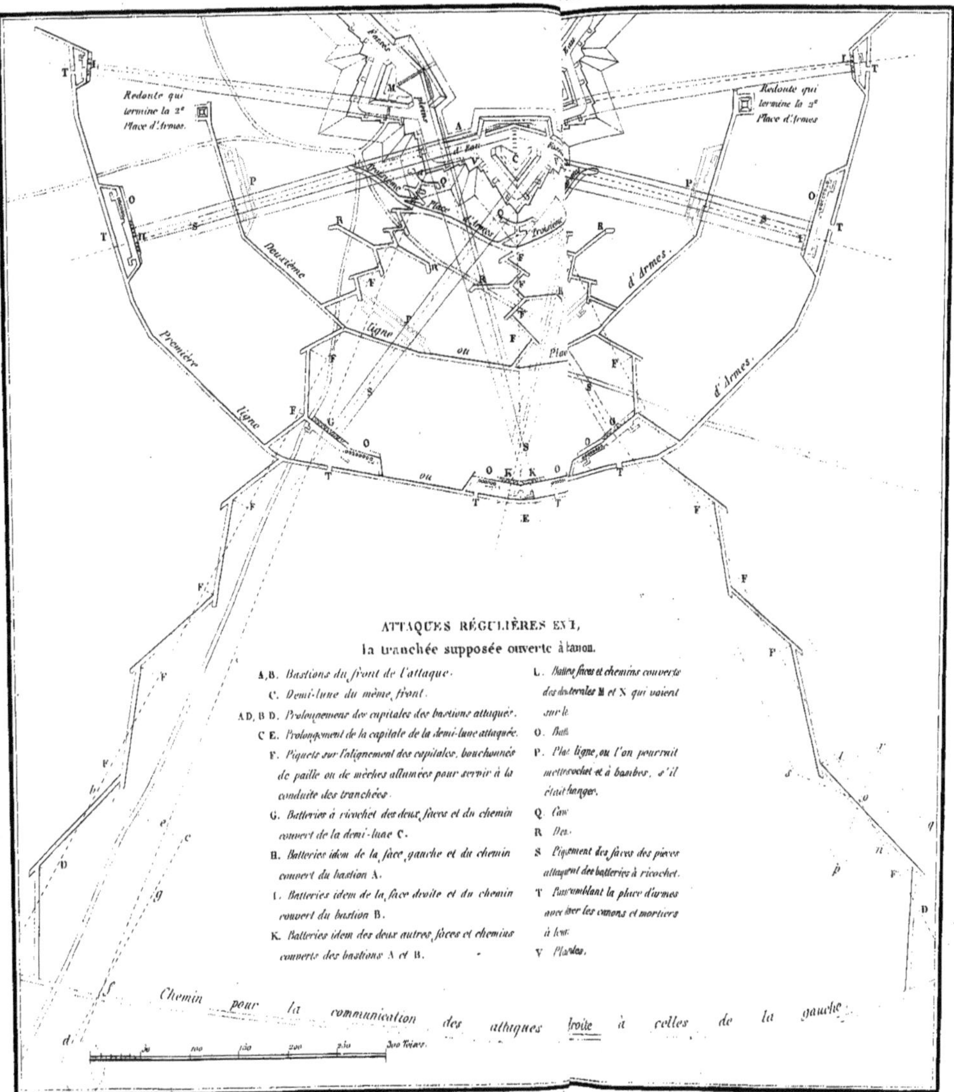

ATTAQUES RÉGULIÈRES EN T,
la tranchée supposée ouverte à canon.

A,B. Bastions du front de l'attaque.
C. Demi-lune du même front.
AD, B D. Prolongemens des capitales des bastions attaqués.
C E. Prolongement de la capitale de la demi-lune attaquée.
F. Piquets sur l'alignement des capitales, bouchonnés de paille ou de mèches allumées pour servir à la conduite des tranchées.
G. Batteries à ricochet des deux faces et du chemin couvert de la demi-lune C.
H. Batteries idem de la face gauche et du chemin couvert du bastion A.
I. Batteries idem de la face droite et du chemin couvert du bastion B.
K. Batteries idem des deux autres faces et chemins couverts des bastions A et B.

L. Batteries faces et chemins couverts des demi-lunes M et N qui voient sur le
O. Batt
P. Plac ligne, où l'on pourrait mettre ricochet et à bombes, s'il était danger.
Q. Cav
R. Des.
S. Piquement des faces des pièces attaquant des batteries à ricochet.
T. Rassemblant la place d'armes avec lever les canons et mortiers à leur
V. Plantes.

Redoute qui termine la 2.e Place d'Armes.
Première ligne
Deuxième ligne ou Place d'Armes
Chemin pour la communication des attaques droite à celles de la gauche.

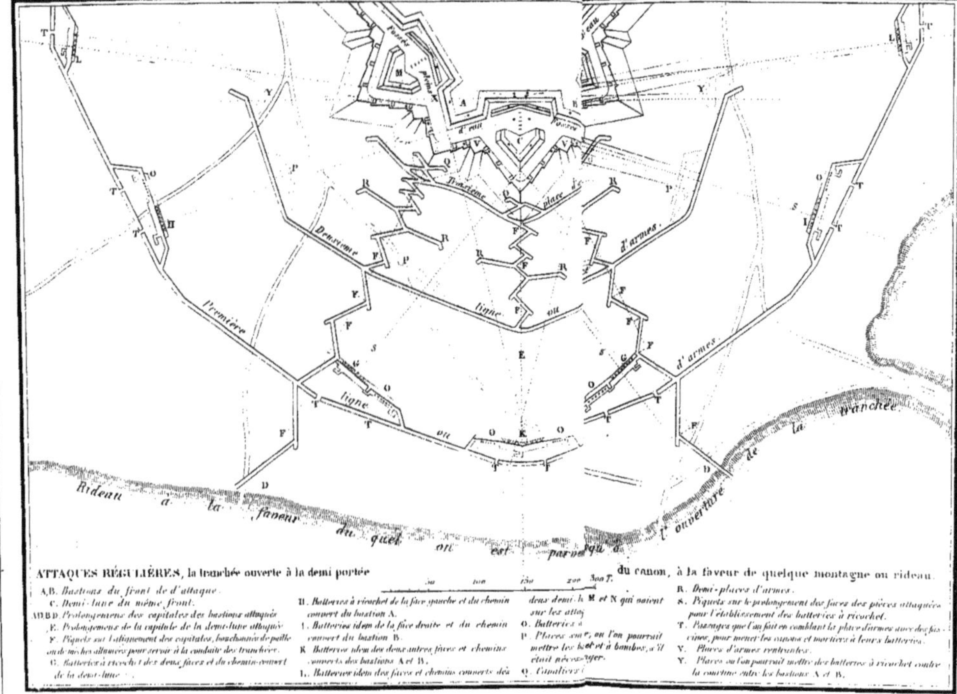

ATTAQUES RÉGULIÈRES, la tranchée ouverte à la demi portée du canon, à la faveur de quelque montagne ou rideau.

A,B. Bastions du front de d'attaque.
C. Demi-lune du même front.
A,B,D. Prolongemens des capitales des bastions attaqués.
E. Prolongemens de la capitale de la demi-lune attaqués.
F. Piquets sur l'alignement des capitales, bouchons de paille ou de mèches allumées pour servir à la conduite des tranchées.
G. Batteries à ricochet des deux faces et du chemin-couvert de la demi-lune.
H. Batteries à ricochet de la face gauche et du chemin couvert du bastion A.
I. Batteries idem de la face droite et du chemin couvert du bastion B.
K. Batteries idem des deux autres faces et chemins couverts des bastions A et B.
L. Batteries idem des faces et chemins couverts des deux demi-lunes M et N qui sont sur les attaques.
O. Batteries à
P. Places sur°, ou l'on pourrait mettre les bat. et à bombes, s'il était nécessaire.
Q. Cavaliers
R. Demi-places d'armes.
S. Piquets sur le prolongement des faces des pièces attaquées pour l'établissement des batteries à ricochet.
T. Passages que l'on fait en comblant la place d'armes avec des fascines, pour mener les canons et mortiers à leurs batteries.
X. Places d'armes rentrantes.
Y. Places ou l'on pourrait mettre des batteries à ricochet contre la courtine entre les bastions A et B.

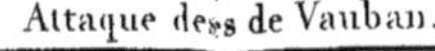

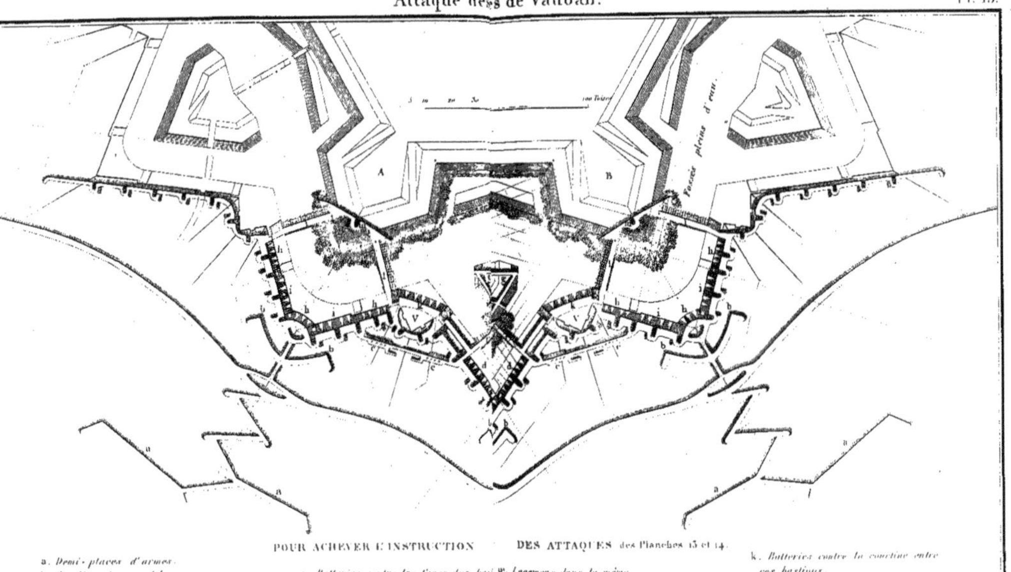

POUR ACHEVER L'INSTRUCTION   DES ATTAQUES des Planches 13 et 14.

a. Demi-places d'armes.
b. Cavaliers de tranchée.
c. Batteries de pierriers.
d. Batteries en brèche de la demi-lune C.
e. Batteries contre les faces des bastions A et B qui défendent la demi-lune C.
f. Passages du fossé de cette demi-lune.
g. Logemens dans la même.
h. Batteries en brèche des bastions A et B.
i. Batteries contre les défenses des dits bastions.
k. Batteries contre la courtine entre ces bastions.
l. Passages des fossés des dits bastions.
m. Logemens sur les mêmes.

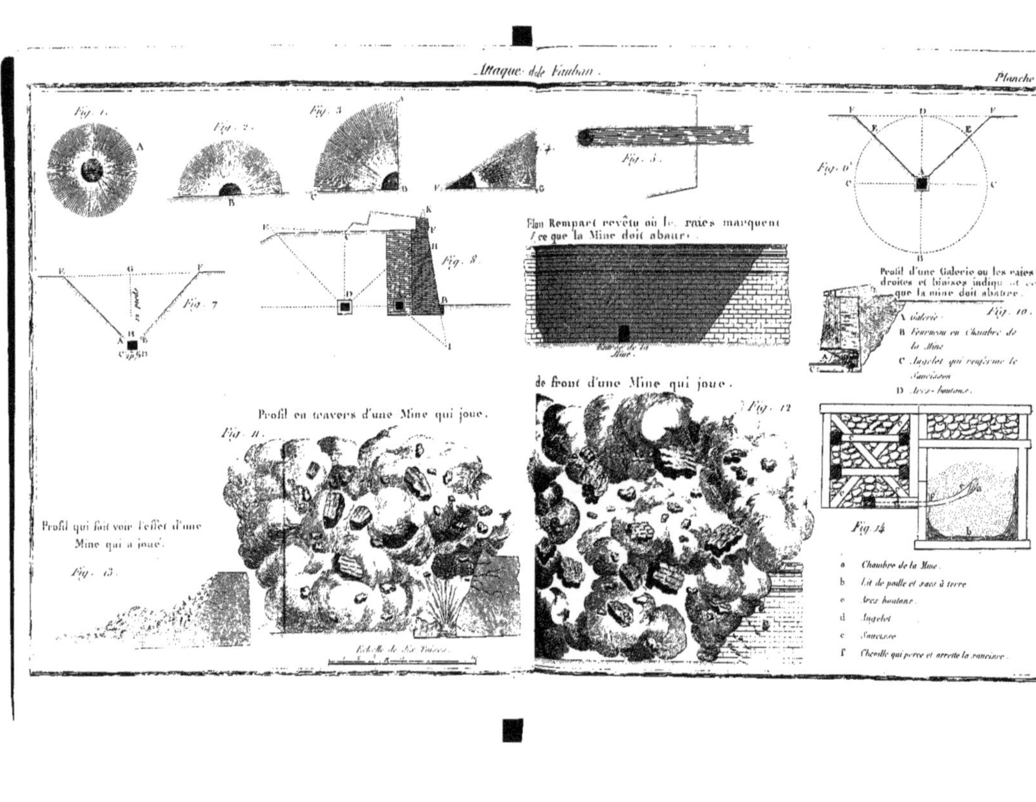

Fig. 1.
Fig. 2.
Fig. 3.
Fig. 5.
Fig. 6.
Fig. 7.
Fig. 8.
Plan Rempart revêtu où les raies marquent ce que la Mine doit abatre.
Entrée de la Mine.
Profil d'une Galerie ou les raies droites et biaises indiquent ce que la mine doit abatre.
Fig. 10.
A Galerie.
B Fourneau ou Chambre de la Mine.
C Augelet qui renferme le Saucisson.
D Arcs-boutans.
Profil en travers d'une Mine qui joue.
Fig. 11.
de front d'une Mine qui joue.
Fig. 12.
Profil qui fait voir l'effet d'une Mine qui a joué.
Fig. 13.
Echelle de Six Toises.
Fig. 14.
a Chambre de la Mine.
b Lit de paille et sacs à terre.
c Arcs boutans.
d Augelet.
e Saucisse.
f Chenille qui perce et arrette la saucisse.

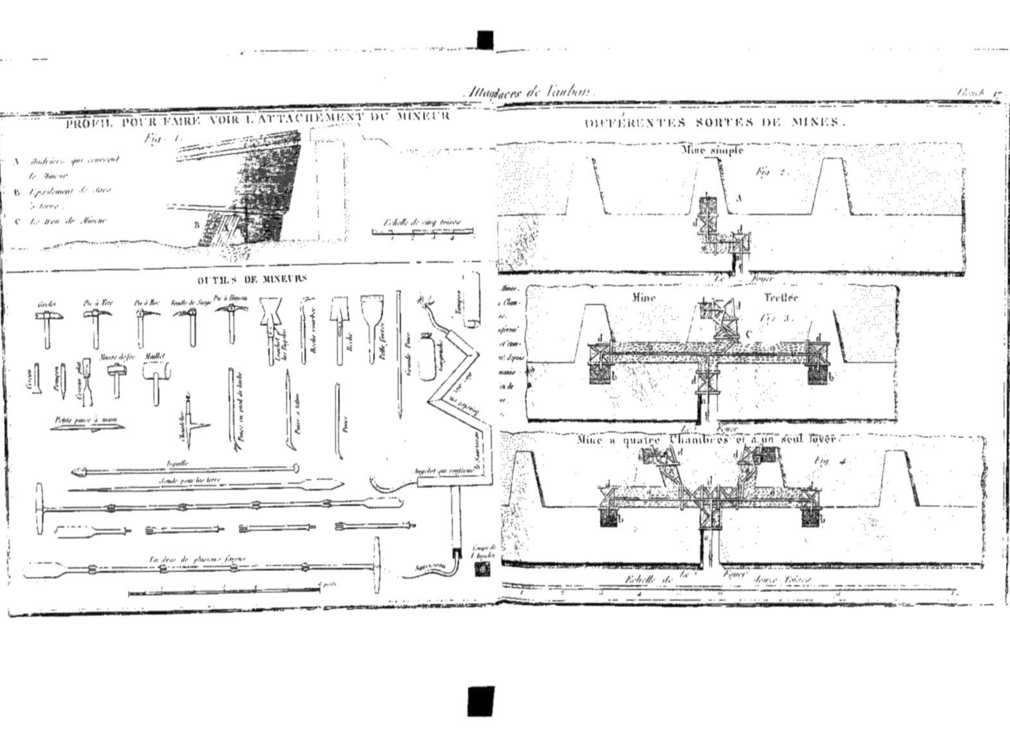

PROFIL POUR FAIRE VOIR L'ATTACHEMENT DU MINEUR
Fig. 1.
A Galeries que creusent le Mineur
B Éboulement de terre
C Le trou de Mineur
Échelle de cinq toises
OUTILS DE MINEURS
Gâche
Pic à Tête
Pic à Bec
Fouille de Sappe
Pic à Marteau
Masse de fer
Maillet
Petite pince à main
Aiguille
Sonde pour les terre
Vis des de plusieurs façons
DIFFÉRENTES SORTES DE MINES.
Mine simple
Fig. 2.
A
Le Foyer
Mine Treillée
Fig. 3.
C
Foyer
Mine à quatre Chambres et à un seul Foyer
Fig. 4.
Échelle de la Douze toises

DIFFERENTES SORTES DE MINES.
Mine double ou en T.
Fig. 1.
Le 1er foyer.
Mine à quatre Chambres et à un seul foyer.
Fig. 2.
Le 1er foyer.
Autre Mine à quatre Chambres et à un seul foyer.
Fig. 3.
Échelle de la 1er foyer douze Toises.
Mine à cinq Chambres et à un seul foyer.
Fig. 4.
Le 1er foyer.
Autre Mine à cinq Chambres.
Fig. 5.
Le 1er foyer.
Échelle de douze Toises.

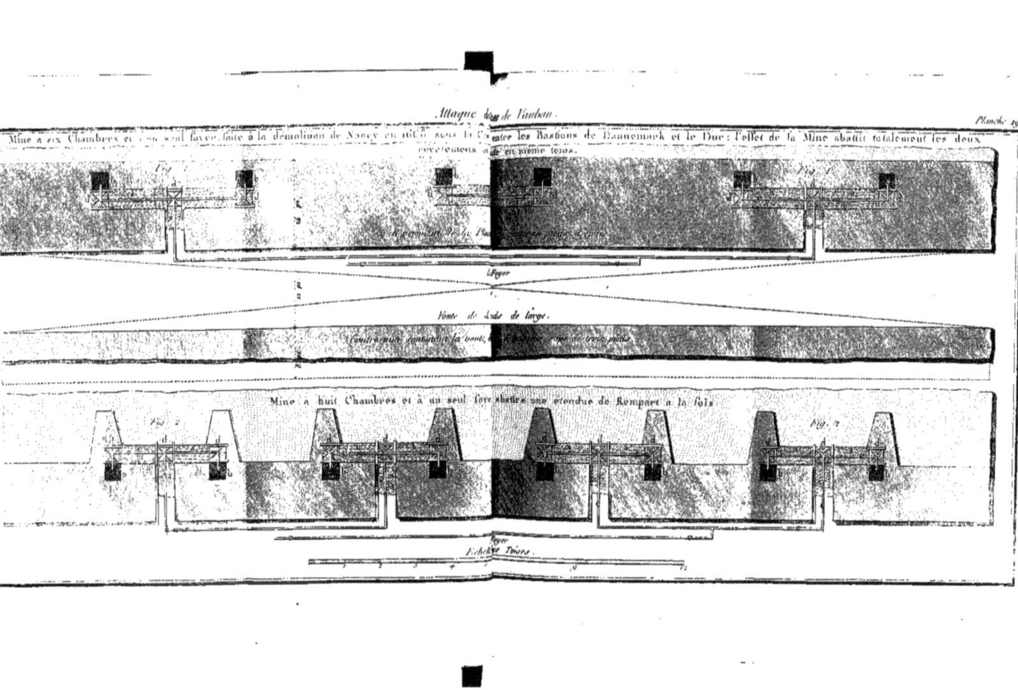
Mine a six Chambres et [...] seul foyer, faite à la demolition de Nancy en 1665 sous la C[...] entre les Bastions de Dannemark et le Duc; l'effet de la Mine abattit totalement les deux revetemens [...] en même tems.
Fig.
Fig.
[...] Foyer.
Vente de [...] de large.
Contremine [...] la voute [...] de trois pieds.
Mine a huit Chambres et à un seul foyer abattre une étendue de Rempart a la fois.
Fig. 2
Fig. 3
Foyer.
Echelle [...] Toises.

Attaques d'un ouvrage à corne sur la
capitale d'un bastion

Echelle de 200 Toises.
10 20 30 40 50 100 150

PREMIER EXEMP[LE]

Premier
Ligne
Deuxieme
Ligne ou
Ligne
Ligne
d'Armes
d'Armes

K Place où l'on pourrait mettre les
Batteries à ricochet des deux faces
du bastion 7.

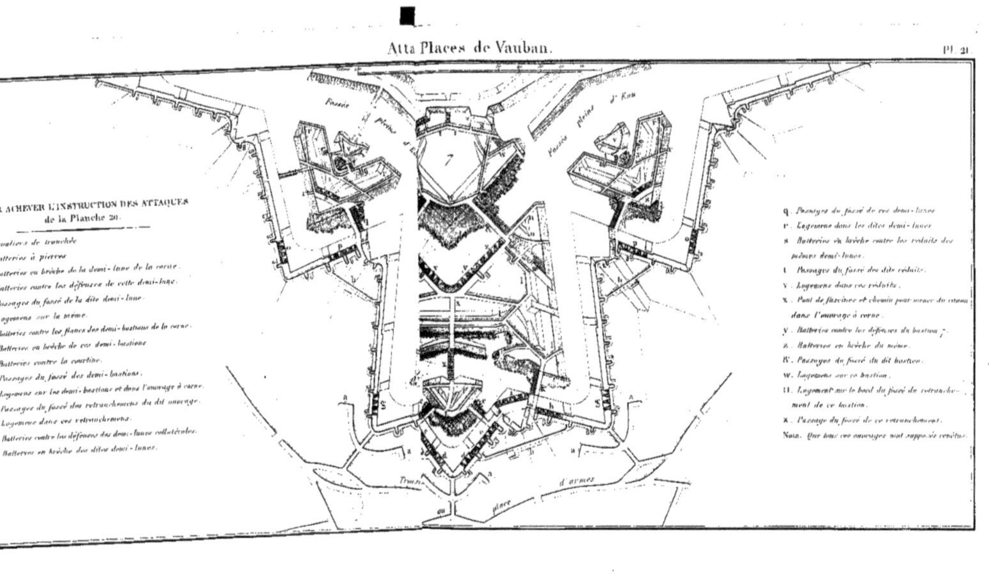

POUR ACHEVER L'INSTRUCTION DES ATTAQUES
de la Planche 20.

a . Cavaliers de tranchée
b . Batteries à pierres
c . Batteries en brêche de la demi-lune de la corne.
d . Batteries contre les défenses de cette demi-lune.
e . Passages du fossé de la dite demi-lune.
f . Logemens sur la même.
g . Batteries contre les flancs des demi-bastions de la corne.
h . Batteries en brêche de ces demi-bastions
i . Batteries contre la courtine.
k . Passages du fossé des demi-bastions.
l . Logemens sur les demi-bastions et dans l'ouvrage à corne.
m . Passages du fossé des retranchemens du dit ouvrage.
n . Logemens dans ces retranchemens.
o . Batteries contre les défenses des demi-lunes collatérales.
p . Batteries en brêche des dites demi-lunes.

q . Passages du fossé de ces demi-lunes
r . Logemens dans les dites demi-lunes
s . Batteries en brêche contre les réduits des
      pêmes demi-lunes.
t . Passages du fossé des dits réduits.
v . Logemens dans ces réduits.
x . Pont de fascines et chemin pour mener du canon
      dans l'ouvrage à corne.
y . Batteries contre les défenses du bastion 7.
z . Batteries en brêche du même.
K . Passages du fossé du dit bastion.
w . Logemens sur ce bastion.
u . Logement sur le bord du fossé du retranche-
      ment de ce bastion.
x . Passage du fossé de ce retranchement.
Nota. Que tous ces ouvrages sont supposés rendus.

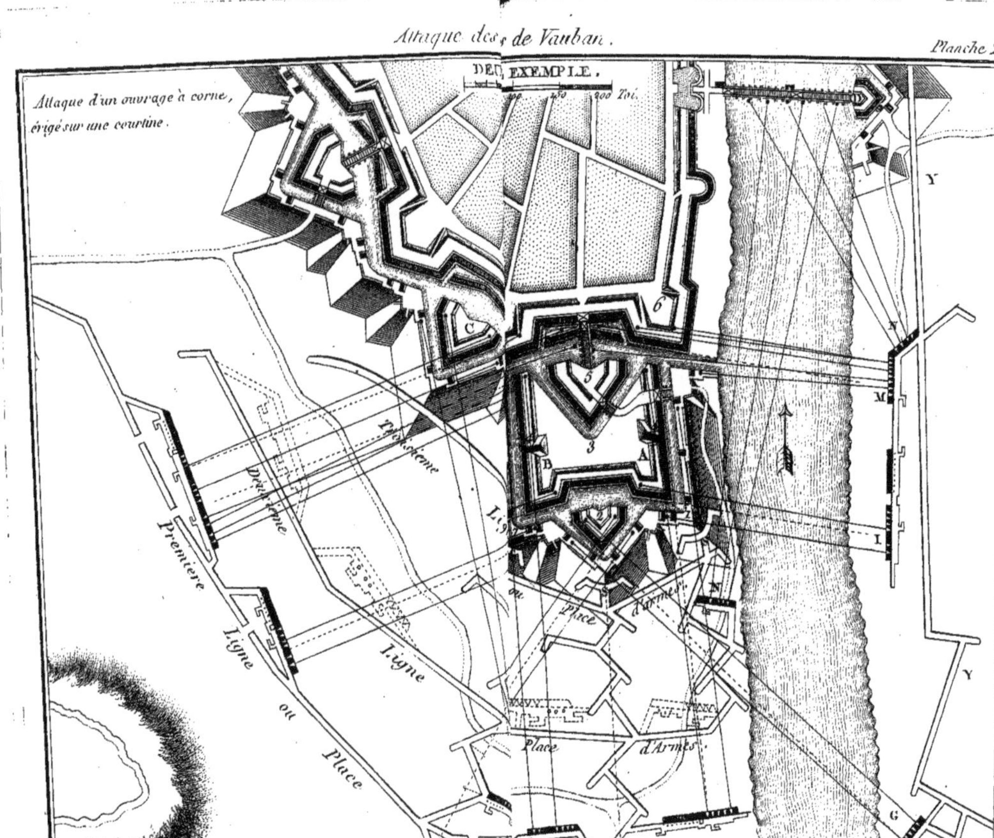
Attaque d'un ouvrage à corne,
érigé sur une courtine.
DEU. EXEMPLE.
100   150   200 Toi.
Première   Ligne   ou   Place
Deuxieme   Ligne
Troisieme   Ligne
Place   d'armes
Place   d'Armes
d'armes
C
B   A
Y
M
I
G
Y
Y
6
5
3
2
4

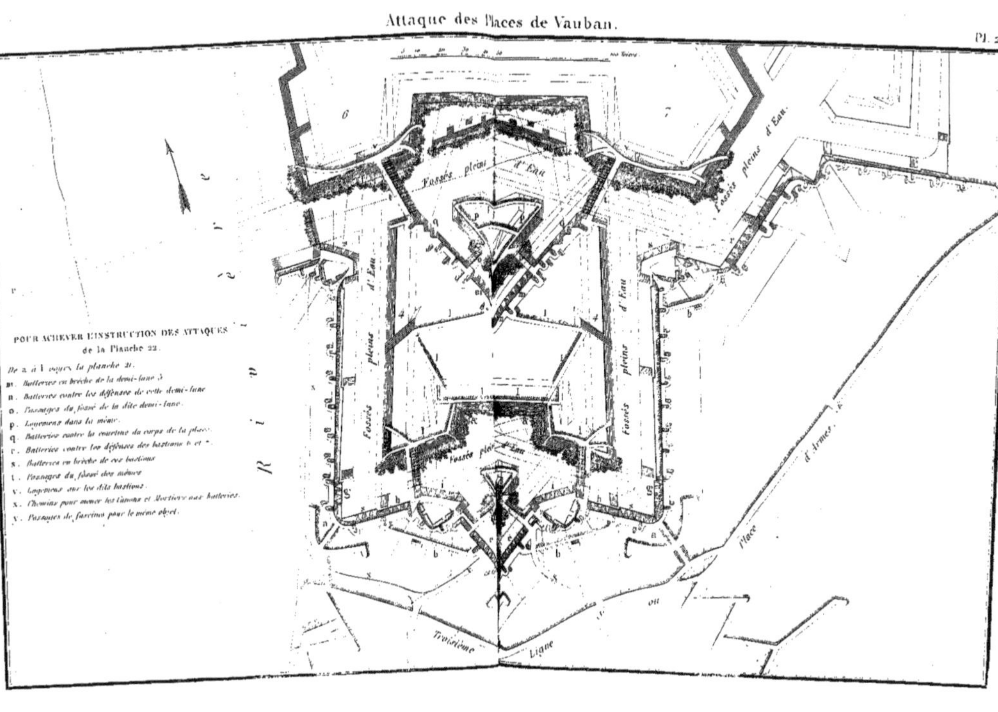
POUR ACHEVER L'INSTRUCTION DES ATTAQUES
de la Planche 22.
De a à l voyez la planche 21.
m. Batteries en brèche de la demi-lune 3
n. Batteries contre les défenses de cette demi-lune
o. Passages du fossé de la dite demi-lune.
p. Logemens dans la même.
q. Batteries contre la courtine du corps de la place.
r. Batteries contre les défenses des bastions 6 et 7.
s. Batteries en brèche de ces bastions
t. Passages du fossé des mêmes
v. Logemens sur les dits bastions.
x. Chemins pour mener les canons et Mortiers aux batteries.
y. Passages de fascines pour le même objet.

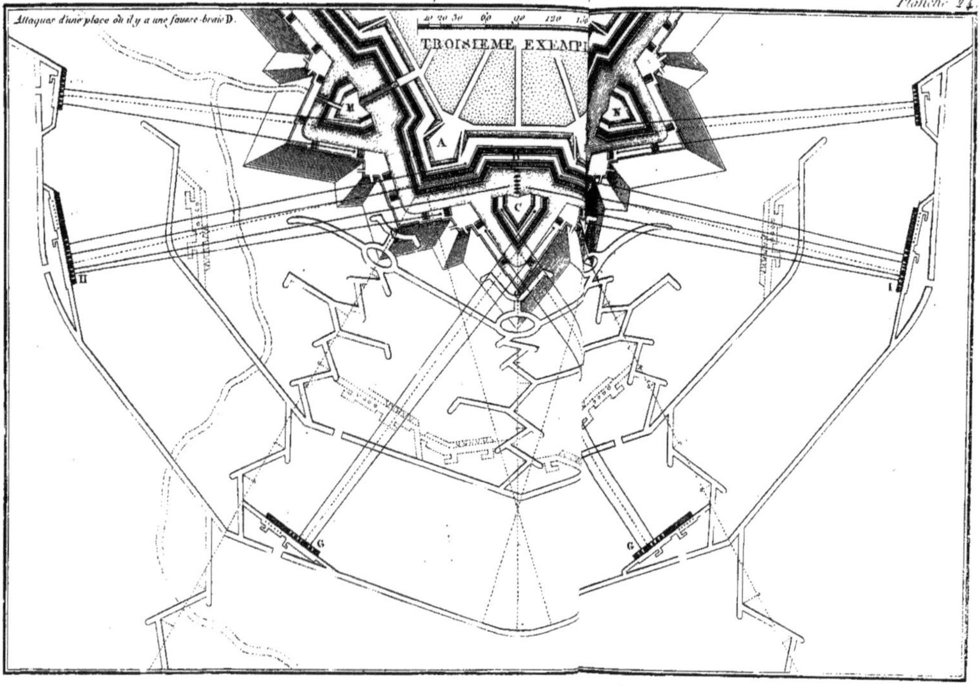

Attaque des Places de l,
Planche 24.
Attaque d'une place où il y a une fausse-braie D.
TROISIEME EXEMPLE
10 20 30 60 90 120 150
M
N
A
C
H
I
G
G

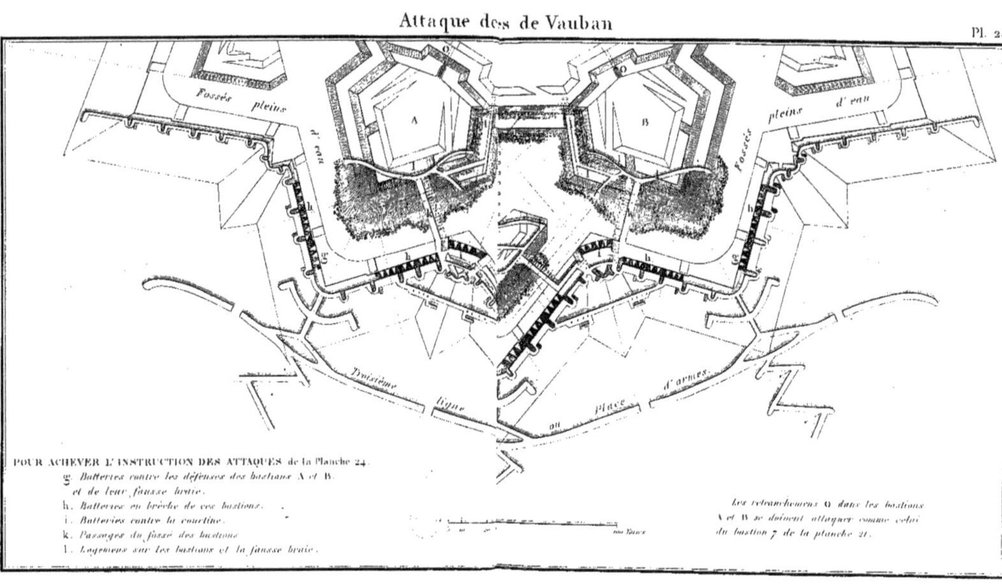

POUR ACHEVER L'INSTRUCTION DES ATTAQUES de la Planche 24.

g. *Batteries contre les défenses des bastions A et B.
et de leur fausse braie.*
h. *Batteries en brèche de ces bastions.*
i. *Batteries contre la courtine.*
k. *Passages du fossé des bastions*
l. *Logemens sur les bastions et la fausse braie.*

*Les retranchemens O dans les bastions
A et B se doivent attaquer comme celui
du bastion 7 de la planche 21.*

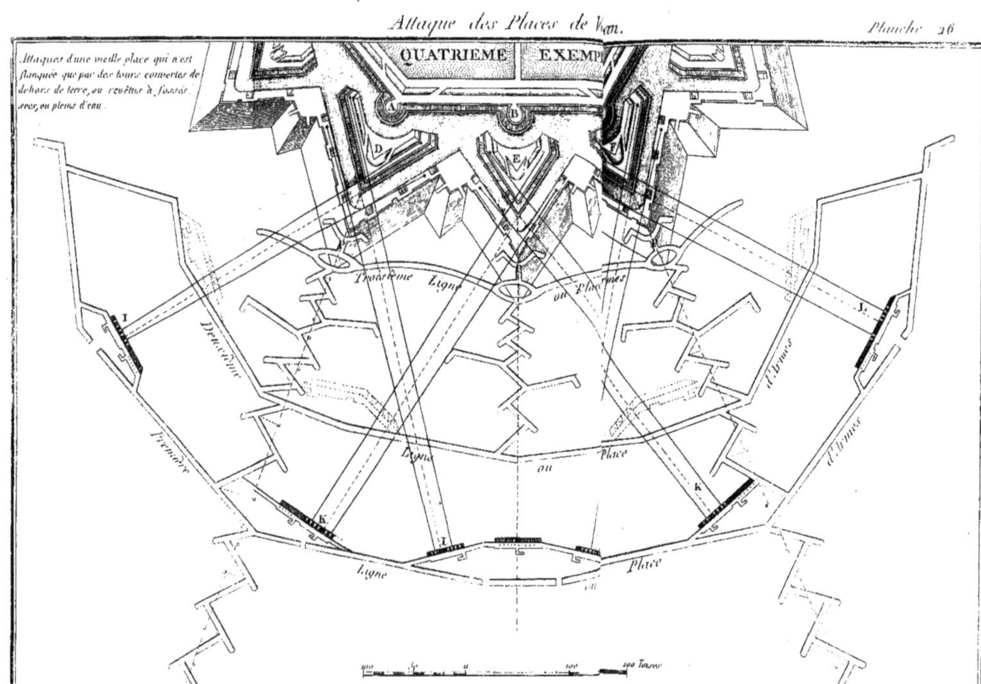
Attaque d'une vieille place qui n'est
flanquée que par des tours couvertes de
dehors de terre, ou revêtus à fossés
secs, ou pleins d'eau.
QUATRIEME EXEMPLE
A
B
D
E
I
J
Troisième Ligne ou Place d'Armes
Deuxième
Première
d'Armes
d'Armes
d'Armes
Ligne   ou   Place
K
L
Ligne   Place
100   50   0   100   200 Toises

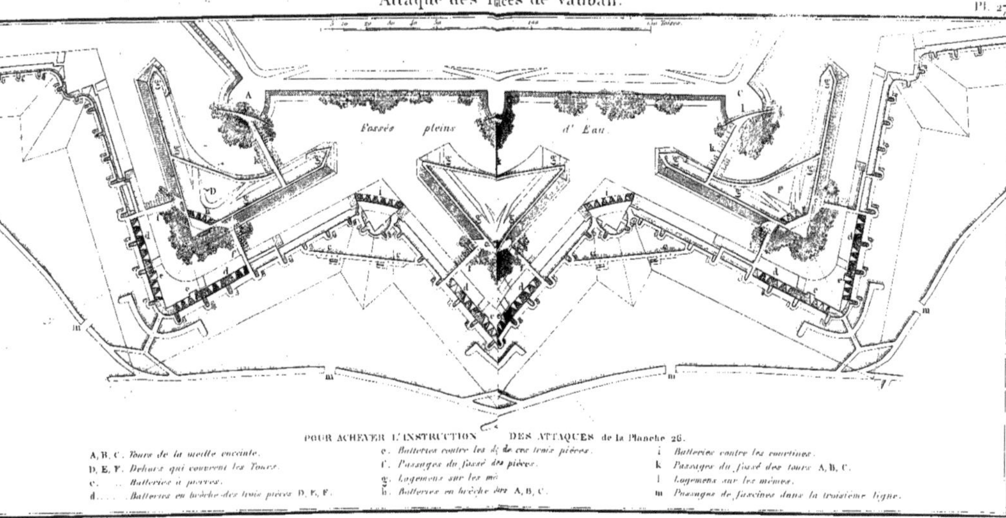

POUR ACHEVER L'INSTRUCTION . . . DES ATTAQUES de la Planche 26.

A, B, C . Tours de la vieille enceinte.
D, E, F. Dehors qui couvrent les Tours.
c. . . Batteries à pierres.
d . . . . Batteries en brèche des trois pièces D, E, F.

e . Batteries contre les défenses de ces trois pièces.
f . Passages du fossé des pièces.
g . Logemens sur les mêmes.
h . Batteries en brèche des A, B, C.

i . Batteries contre les courtines.
k . Passages du fossé des tours A, B, C.
l . Logemens sur les mêmes.
m . Passages de fascines dans la troisième ligne.

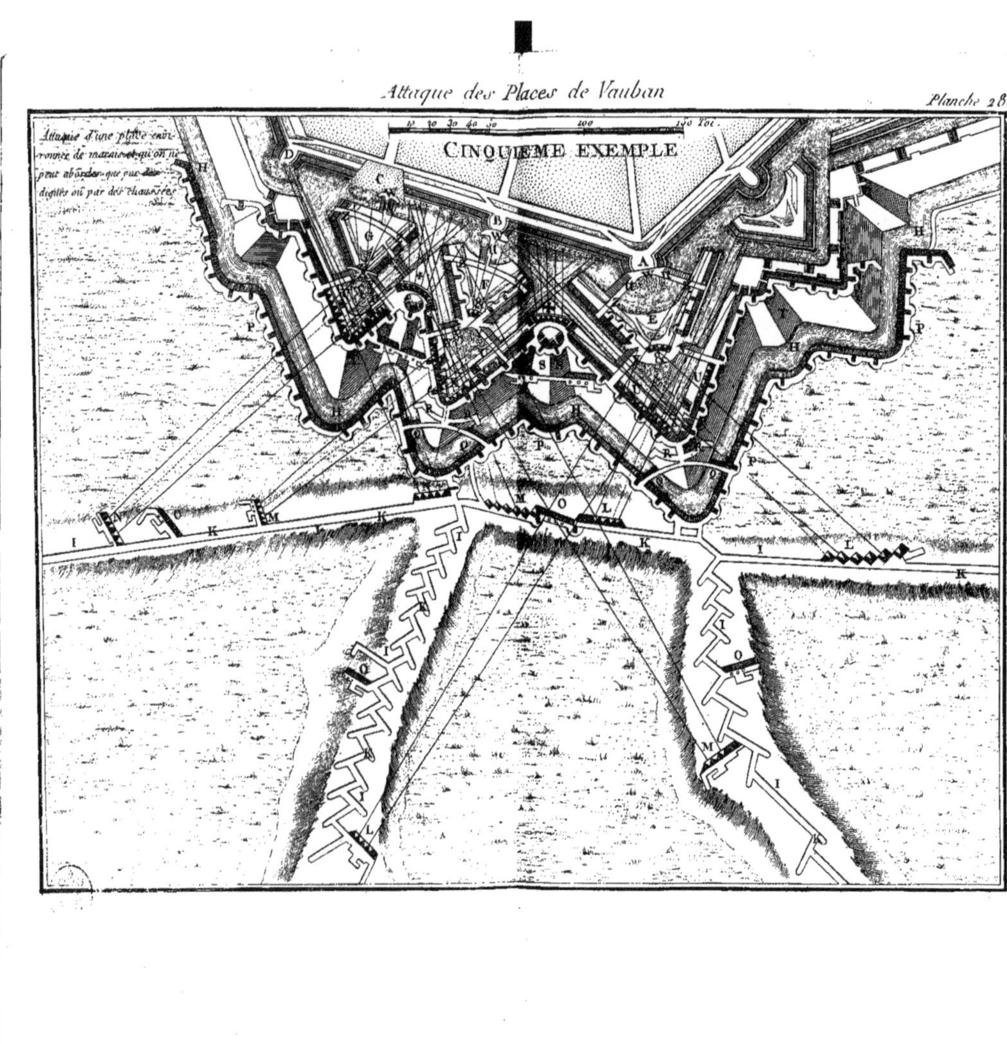

Attaque des Places de Vauban
Planche 28.
CINQUIEME EXEMPLE
Attaque d'une place envi-
ronnée de marais et qu'on ne
peut aborder que par des
digues ou par des chaussées.

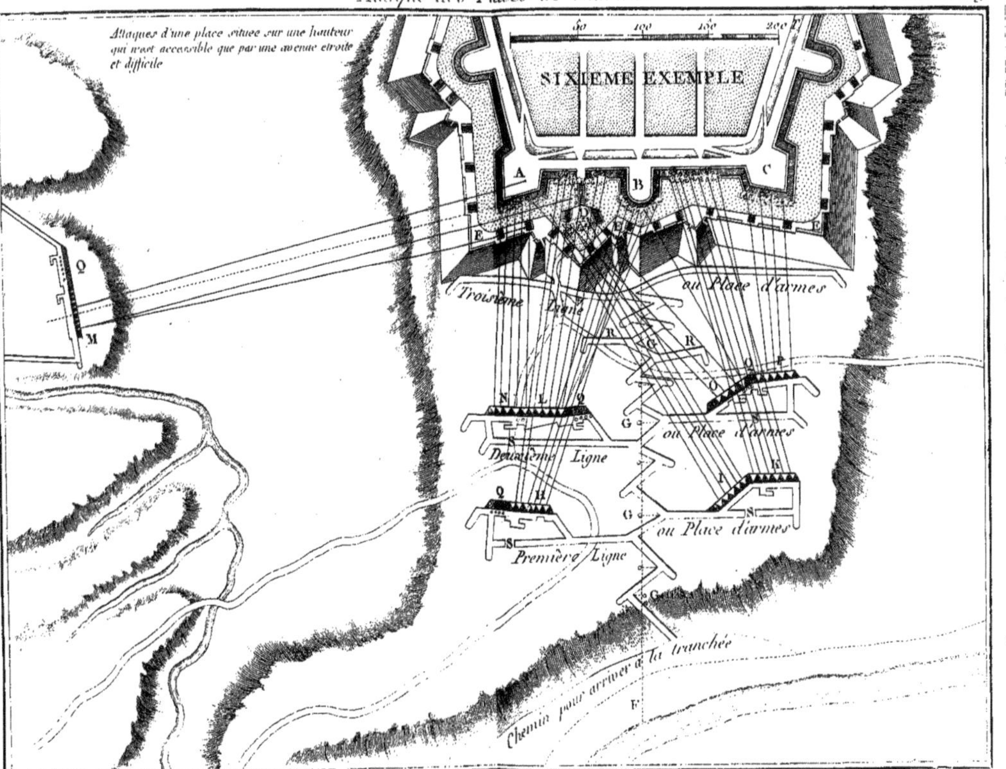
Attaques d'une place située sur une hauteur
qui n'est accessible que par une avenue étroite
et difficile
SIXIEME EXEMPLE
50 100 150 200 T
A B C
E E
ou Place d'armes
Troisième Ligne
R R R
N L L Q
G
ou Place d'armes
Deuxième Ligne
Q H
S
Première Ligne
G
ou Place d'armes
Chemin pour arriver à la tranchée
F
M
O

Attaque des Places de Vauban. Planche 30.

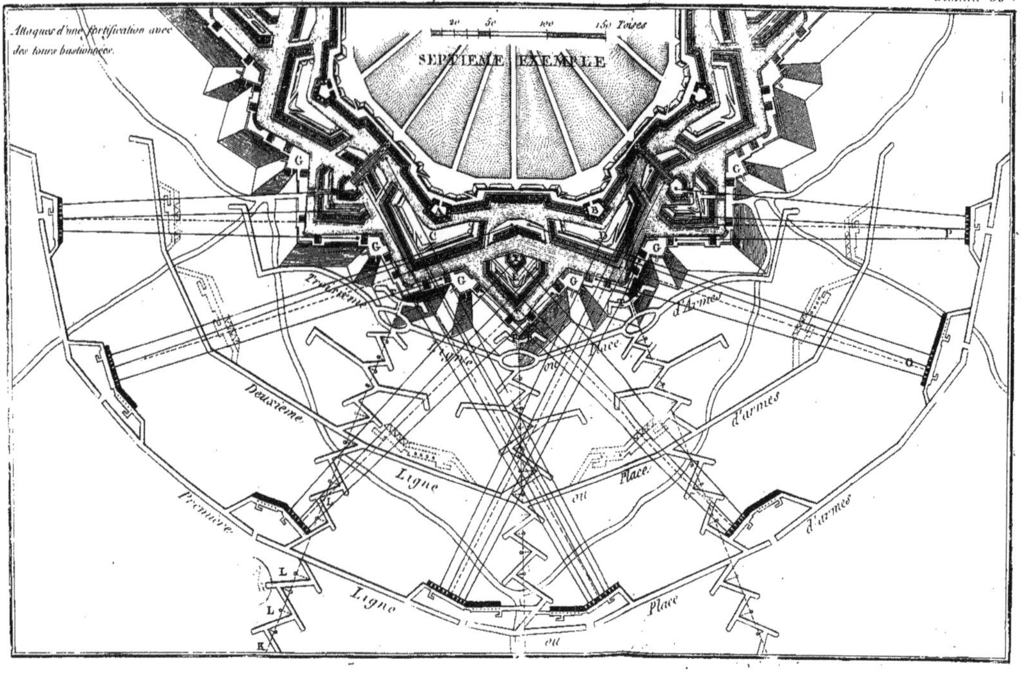
Attaques d'une fortification avec des tours bastionnées.
20 50 100 150 Toises
SEPTIEME EXEMPLE
A
B
C
G
G
G
G
G
G
G
Tranchée
Troisième
ou
Place
d'Armes
Deuxième
Ligne
ou
Place
d'armes
Première
Ligne
ou
Place
d'armes
L
L
L
K
P
O

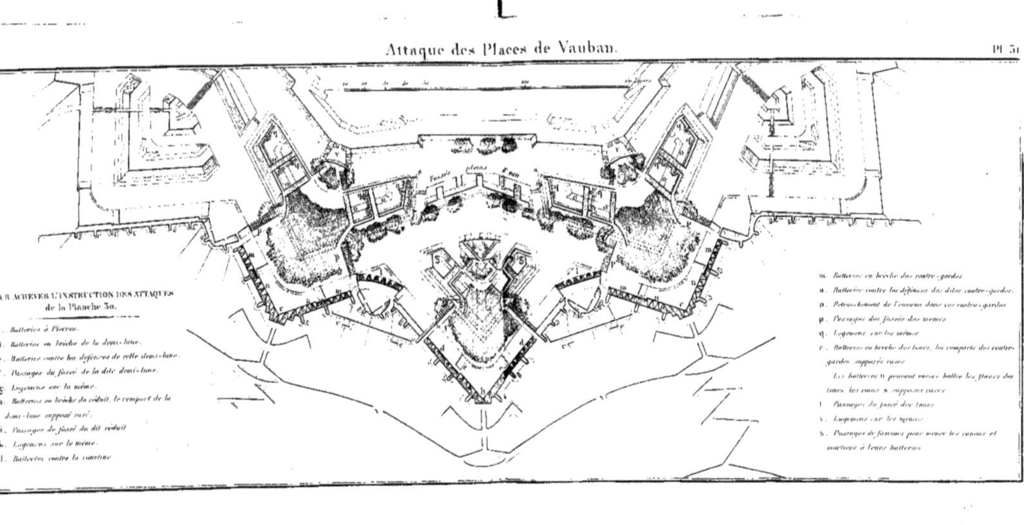

POUR ACHEVER L'INSTRUCTION DES ATTAQUES
de la Planche 30.

c. Batteries à Pierrier.
d. Batteries en brèche de la demi-lune.
e. Batteries contre les défenses de cette demi-lune.
f. Passages du fossé de la dite demi-lune.
g. Logemens sur la même.
h. Batteries en brèche du réduit, le rempart de la
   demi-lune supposé rasé.
i. Passages de fossé du dit réduit
k. Logemens sur le même.
l. Batteries contre la courtine

m. Batteries en brèche des contre-gardes
n. Batteries contre les défenses des dites contre-gardes.
o. Retranchement de l'ennemi dans ces contre-gardes
p. Passages des fossés des mêmes
q. Logemens sur les mêmes
r. Batteries en brèche des tours, les remparts des contre-
   gardes supposés rasés
   Les batteries n peuvent encore battre les flancs des
   tours les mêmes x supposés rasés
t. Passages du fossé des tours
x. Logemens sur les mêmes
z. Passages de fascines pour mener les canons et
   mortiers à leurs batteries

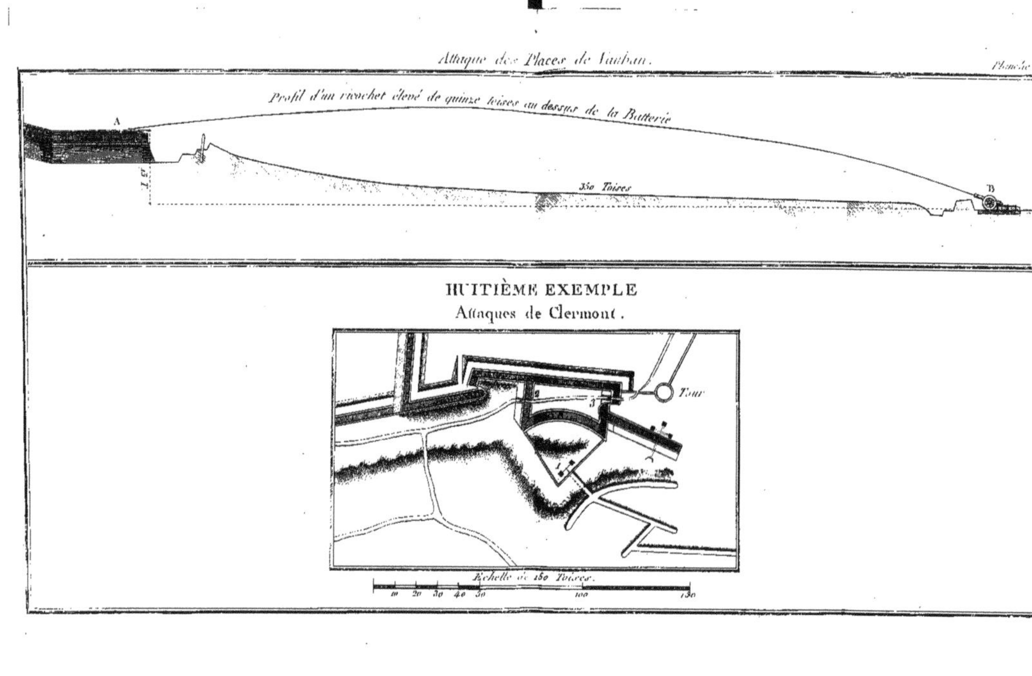
Attaque des Places de Vauban.
Planche 3.
Profil d'un ricochet élevé de quinze toises au dessus de la Batterie
A
B
15 T.
350 Toises
HUITIÈME EXEMPLE
Attaques de Clermont.
Tour
Echelle de 150 Toises.
10 20 30 40 50 100 150

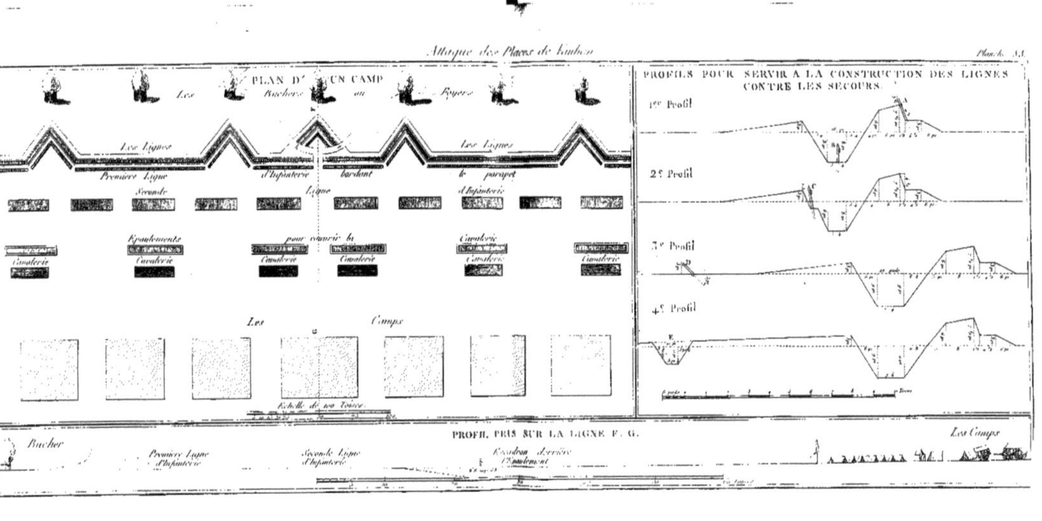

Attaque des Places de Vauban
Planch. 33.
PLAN D' UN CAMP
Les Bûchers ou Foyers
Les Lignes
Les Lignes
Première Ligne d'Infanterie bordant le parapet
Seconde Ligne d'Infanterie
Épaulements pour couvrir la Cavalerie
Cavalerie Cavalerie Cavalerie Cavalerie Cavalerie Cavalerie Cavalerie
Les Camps
Échelle de 100 Toises.
PROFILS POUR SERVIR A LA CONSTRUCTION DES LIGNES CONTRE LES SECOURS.
1er Profil
2e Profil
3e Profil
4e Profil
PROFIL PRIS SUR LA LIGNE F. G.
Bûcher
Première Ligne d'Infanterie
Seconde Ligne d'Infanterie
Escadron derrière l'Épaulement
Les Camps

www.ingramcontent.com/pod-product-compliance
Ingram Content Group UK Ltd.
Pitfield, Milton Keynes, MK11 3LW, UK
UKHW020338180726
13839UKWH00002B/773